读古诗词学历史

全彩漫画版

李妍 ◎ 编著　世良插画 ◎ 绘

中国水利水电出版社
www.waterpub.com.cn
·北京·

目 录

夏日绝句
［宋］李清照 —— 2

出塞
［唐］王昌龄 —— 4

乌衣巷
［唐］刘禹锡 —— 6

泊秦淮
［唐］杜牧 —— 8

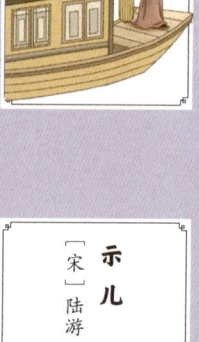

夜上受降城闻笛
［唐］李益 —— 10

江南逢李龟年
［唐］杜甫 —— 12

题临安邸
［宋］林升 —— 14

示儿
［宋］陆游 —— 16

秋夜将晓出篱门迎凉有感
［宋］陆游 —— 18

书湖阴先生壁
［宋］王安石 —— 20

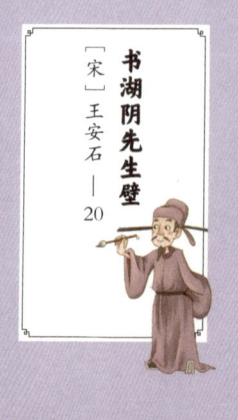

四时田园杂兴
［宋］范成大 —— 24

悯农
［唐］李绅 —— 26

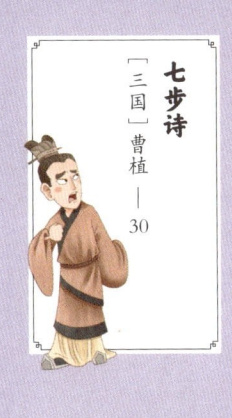

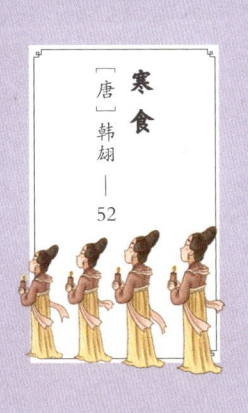

| 乡村四月 [宋]翁卷 —28 | 七步诗 [三国]曹植 —30 | 凉州词 [唐]王翰 —32 | 寻隐者不遇 [唐]贾岛 —34 |

| 静夜思 [唐]李白 —38 | 黄鹤楼送孟浩然之广陵 [唐]李白 —40 | 古朗月行（节选） [唐]李白 —42 | 赠汪伦 [唐]李白 —44 |

| 小儿垂钓 [唐]胡令能 —46 | 九月九日忆山东兄弟 [唐]王维 —50 | 寒食 [唐]韩翃 —52 | 清明 [唐]杜牧 —54 |

| 元日 [宋]王安石 —56 |

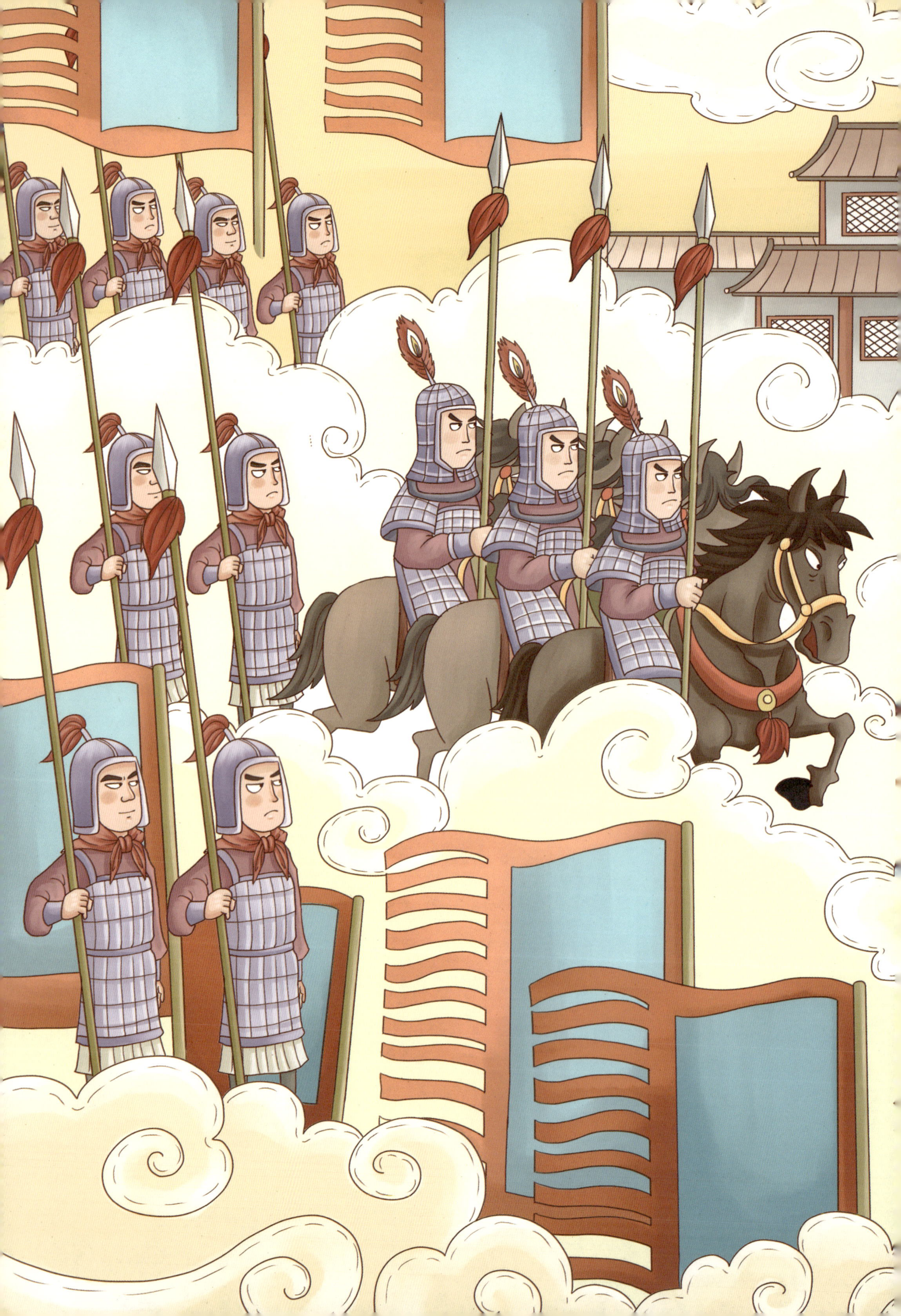

古诗词是凝练的艺术，
凝结着古人的喜怒哀乐，
凝结着民族的精神、深邃的智慧、历史的精华……
无论是楚汉之争，还是安史之乱，
无论是匈奴或突厥，还是遗民或隐士，
无论是璀璨辉煌的历史，
还是慷慨悲凉的历史，
都像一首首长歌，
蜿蜒在古典诗词的字字句句中。

夏日绝句

[宋]李清照

生当作人杰,死亦为鬼雄。
至今思项羽,不肯过江东。

> 江水长流,英雄远逝……

小注

人杰:人中的豪杰。**亦**:也。**鬼雄**:鬼中的英雄。
项羽:秦末时起义军将领,自立为西楚霸王,曾与刘邦争夺天下,兵败后自杀于乌江。**江东**:项羽最初起义的地方。

诗说

活着就要做人中的豪杰,
死后也要做鬼中的英雄。
直到今天,人们仍在思念项羽,
只因为他不肯逃回江东苟且偷生。

读古诗词学历史

楚汉之争

你能想到婉约派词人李清照能写出《夏日绝句》这样的诗吗？小诗只有20个字，却字字铿锵有力，透露出一股正气，语出惊人地表示：不论是人是鬼，都要像项羽那样顶天立地。那么，项羽究竟做了什么，能让清照老师如此敬佩呢？

（羽哥，你眼中的刘邦是什么样子？）

（本人在楚国当贵族的时候，刘大叔还只是沛县一个小派出所的所长。）

项羽　刘邦

（小项啊，咱们都是鸿门宴的领衔主演，但你最终还是下线了。）

（不管怎么说，我也坚持到了最后一集！）

刘邦　项羽

（为什么不肯渡江？是晕船吗？）

（我无颜见江东父老……）

亭长　项羽

秦末大乱，义军四起，有两支队伍的首领分别是项羽和刘邦。项羽势力强大，刘邦便与项羽结盟。双方约定，谁先攻入都城咸阳，谁就是关中王。结果就在项羽与秦军主力厮杀时，刘邦绕道杀进了咸阳，项羽气急败坏，导演了大片《鸿门宴》，想在饭局上杀死刘邦，却终究优柔寡断，把刘邦给放了。

项羽是楚国将领后裔，灭秦后自封西楚霸王，封刘邦为汉王。不久，二人争霸。最终，汉军十面埋伏，把楚军围在垓下（今安徽省境内），并安排四面楚歌的夜场大合唱，弄得楚军心散、溃乱。项羽奔到乌江，亭长劝他渡江逃回江东，他宁死不肯，拔剑自杀，做了李清照笔下的"鬼雄"。

项羽和刘邦曾在荥阳进行了4年的拉锯战，都疲惫不堪，便以鸿沟（今河南省贾鲁河）为界，河东属于楚，河西属于汉。这就是楚河汉界的典故。

出 塞

[唐] 王昌龄

秦时明月汉时关，万里长征人未还。
但使龙城飞将在，不教胡马度阴山。

> 战争何时才能结束……

小注

但使：只要。龙城飞将：指英勇善战的将领。不教：不使，不让。胡马：指侵扰内地的外族骑兵。度：越过，翻越。阴山：昆仑山的北支，中国北方的屏障。

诗说

依旧是秦汉时的明月与边关，
万里长征的守边将士却没有回来。
只要龙城的名将如今还在，
绝不会让胡人的骑兵越过阴山。

读古诗词学历史

匈 奴

王昌龄所生活的时代,正是大唐盛世,国力强盛,全民自信,对外战争屡屡获胜,所以,他写的这首《出塞》也慷慨激昂,格调向上,但诗中也透露出渴望和平的愿望以及对征人及其亲人的同情。

王昌龄笔下"不教胡马度阴山"的"胡马",是指历史上一度非常难缠的匈奴。匈奴是北方游牧民族,男女老少几乎都会骑射。秦朝时,匈奴入侵,秦始皇派出30万大军,又修了长城,匈奴才退去。汉朝时,匈奴单于冒顿统一北方草原,打败了汉高祖刘邦,从此汉王朝开始下嫁公主和亲。

汉武帝时,国力强盛,汉王朝第一次深入大漠主动进攻匈奴。名将卫青、霍去病、李广等带领汉军把匈奴打得七零八落,"但使龙城飞将在"中的"飞将",就是指李广。匈奴元气大伤,慢慢分裂,隋朝后融入各民族中。王昌龄之所以还写"胡马",是为了表示外敌的强悍。

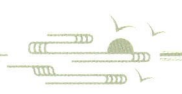

西汉名将李广英勇善战,使匈奴不敢来犯,被称为"飞将军";后参加漠北之战,迷失道路,自杀而死。司马迁高度评价他:"桃李不言,下自成蹊。"

一条小巷埋藏着多少历史。

乌衣巷

［唐］刘禹锡

朱雀桥边野草花，
乌衣巷口夕阳斜。
旧时王谢堂前燕，
飞入寻常百姓家。

小注

乌衣巷：位于南京秦淮河畔，东晋时王导、谢安两大家族居住于此。朱雀桥：六朝时南京朱雀门外横跨秦淮河的大桥。王谢：东晋丞相王导、谢安，两人均出身世家大族。寻常：平常。

诗说

朱雀桥边长满了野草、野花，
乌衣巷口夕阳斜照。
当年在王谢堂前筑巢的燕子，
如今飞入了普通百姓的家里。

读古诗词学历史

门阀制度

《乌衣巷》是刘禹锡的大作，通过昔日乌衣巷、朱雀桥的繁华鼎盛，对照如今野草丛生、残照凄凉的景象，感慨沧海桑田、人生多变。是什么原因造成这种景象的呢？刘老师没有一句议论，却用燕子作为见证，隐现了门阀制度的兴衰。

门阀，就是世代为官的名门望族。东汉时，官僚士大夫常推荐自己的门人、学生、下属入朝为官。这种风气渐渐盛行，门阀士族就成了一个镶金的身份证，几乎垄断了朝廷的重要官职。他们的后代哪怕昏庸无能，都能身居高位，而那些寒窗苦读、才华横溢的贫苦子弟却毫无出路。

东晋时，皇帝们依靠门阀士族的支持才能坐稳皇位。王导、谢安分别代表门阀士族琅琊王氏和陈郡谢氏，他们居住的乌衣巷门庭若市。隋唐以后，科举制度兴起，人才有了希望。武则天时，很多穷人已经能依靠科举考试出人头地，之后，门阀制度慢慢消亡了。

南北朝时，宋的皇帝刘裕觉得门阀制度不公平，便招聘有才能的寒门子弟为官，这就是"寒人掌机要"，为隋唐科举制的创立奠定了基础。

泊秦淮

[唐]杜牧

烟笼寒水月笼沙,
夜泊秦淮近酒家。
商女不知亡国恨,
隔江犹唱后庭花。

亡国之音啊。

小注

秦淮:指南京秦淮河。烟:烟雾。商女:卖唱的歌女。
后庭花:歌曲《玉树后庭花》,南北朝时陈朝皇帝陈叔宝(陈后主)所作。

诗说

烟雾笼罩着寒冷的水面,月光笼罩着白沙,
夜里把船停泊在秦淮河靠近岸上酒家的地方。
卖唱的歌女不懂得什么是亡国之恨,
隔着江水仍在高唱《玉树后庭花》。

读古诗词学历史

南 朝

杜牧生活在唐朝末年,国家危机四伏,统治者们却还耽于享乐,于是,他写下了《泊秦淮》,借南朝陈后主因享乐而亡国的历史故事,讽刺醉生梦死的统治者。全诗意境悲凉,表现了诗人对国家命运的关切。

南北朝分为南朝和北朝,南朝的开路人是宋武帝刘裕。这位先生是皇帝里的"优等生",雄才大略,只可惜命短,后代不争气,王朝被齐取代了。齐也没咋呼多久,平均三年换一个皇帝,二十多年后被梁取代。梁武帝前半生是励志楷模,后半生是贪腐能手,子孙也能闹腾,最后被陈灭了。

陈的版图很小,统治者也孤弱。陈后主是一位艺术老青年,专业音乐人,兼职诗人,曾为老婆创作《玉树后庭花》,常举办皇宫巡演,把治国的本职工作撇到了一边。隋朝建立后,隋军渡江而来,轻易就俘虏了陈后主。《玉树后庭花》也成了亡国之音的象征,杜牧因此才把它写进了诗里。

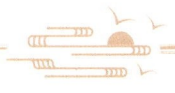

南朝是汉族建立,以南京为中心的南朝文化对人类历史产生了深远的影响,使华夏文明避免了断绝。

夜上受降城闻笛

[唐] 李益

回乐峰前沙似雪，
受降城外月如霜。
不知何处吹芦管，
一夜征人尽望乡。

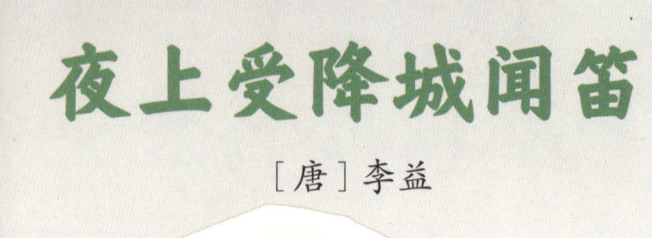

> 这是用泪水吹出的声音。

小注

受降城：唐朝为防御突厥在黄河以北修筑的城池，位于今内蒙古自治区境内。回乐峰：位于今宁夏回族自治区的山峰。芦管：笛子。征人：守卫边境的将士。尽：全，都。

诗说

回乐峰前的沙地洁白似雪，受降城外的月色犹如白霜。不知什么地方吹起了笛子，一夜间将士们都眺望着故乡。

读古诗词学历史

突 厥

《夜上受降城闻笛》写得太蕴藉含蓄了。大诗人李益只用了四个镜头，一是如雪的沙漠，二是如霜的月光，三是夜听笛声，四是将士望乡，就描绘出了将士们思乡的哀愁和边塞的独特风光。全诗语言优美，催人泪下。那你知道将士们为什么不能回家吗？他们在防御什么人呢？

> 同学们，谁来回答一下？
> 反正我是来打酱油的。

> 俺们突厥发达啦！
> 可汗，慢点儿。

> 定方，你常年出差塞外打突厥，辛苦啦。
> 不辛苦，谢谢皇上的红包。

答案是：突厥。突厥是北方游牧民族，起初给柔然跑腿、炼铁、当奴隶。炼铁使他们有了武器，开始独立，迁到了阿尔泰山带。当他们与铁勒部合并后，开始强盛。很快，他们的势力伸到了西域，并联合波斯人灭了匈奴，之后又和罗马人联手，对付波斯。突厥汗国达到鼎盛。

隋炀帝末年，中原动荡，突厥趁乱壮大武力。唐朝建立后，突厥已分裂成西突厥、东突厥，东突厥竟有一百多万控弦特种兵。唐朝继续下嫁公主，又采用离间计兼武力打击，灭了东突厥。武则天时，大将苏定方又灭了西突厥。突厥残余势力不死心，又建立后突厥，经唐军多次追打，最终灭亡。

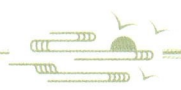

南北朝时，史书上第一次出现"突厥"这个词。突厥最盛时，疆域达到今天的贝加尔湖，还创造了突厥文字。突厥人是白种人，融合铁勒人后，成为黄白混种。

江南逢李龟年

[唐] 杜甫

岐王宅里寻常见,
崔九堂前几度闻。
正是江南好风景,
落花时节又逢君。

花落了。

落了。

小注

李龟年:唐朝著名乐师,安史之乱后流落江南,靠卖艺为生。
岐王:唐玄宗李隆基的弟弟李范,封为岐王。寻常:经常,常常。崔九:中书令崔湜的弟弟崔涤(shí),在兄弟中排行第九。落花时节:指暮春。君:指李龟年。

诗说

在岐王的宅邸里常常见到你,崔九的堂前又多次听到你的歌声。
现在正是江南风景最好的时候,在这暮春时节再次与你重逢。

读古诗词学历史

安史之乱

公元755年，安史之乱爆发，唐玄宗逃到四川，宫廷乐师李龟年流落江南，恰巧杜甫也辗转逃亡于此，二人境况凄凉，杜甫便写下《江南逢李龟年》。他抚今思昔，用平易的语言追忆往昔，表现了对大唐盛世的眷恋，对王朝衰落的感慨。

唐玄宗时，国力强盛，皇上没啥烦心事，开始和杨贵妃享乐，连杨贵妃败家的哥哥杨国忠也被提拔成丞相。边境将领安禄山进京述职，一个劲儿地讨好皇帝，还把杨贵妃认作干妈，很快平步青云，掌控15万兵力。杨国忠嫉恨得大板牙差点儿咬碎。二人互相瞧不上眼，就差没公开打架了。

安禄山早有反心，公元755年，打着讨伐杨国忠的旗号，和将领史思明发动了兵变。唐玄宗逃到四川，宫里的人流离失所。安禄山入宫称帝，不久失明，经常鞭打亲人和下属，被儿子派人暗杀了。安史叛军继续作乱，唐军血战了足足七年多才平息了叛乱。唐朝从此由盛转衰。

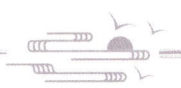

唐玄宗逃往四川时，经过马嵬坡（今陕西省兴平市），将士们要求杀死杨国忠、杨贵妃，否则不再护送皇帝。于是，杨国忠被杀，杨贵妃被吊死，史称马嵬之变。

题临安邸

[宋] 林升

山外青山楼外楼，
西湖歌舞几时休。
暖风熏得游人醉，
直把杭州作汴州。

都是梦中人。

小注

临安：南宋的都城杭州。邸：旅店。几时休：什么时候停止。熏：吹，多用于温煦的风。直：简直。汴州：即汴京，北宋的都城，位于今河南省开封市。

诗说

山外还有青山，楼台外还有楼台，
西湖上的歌舞什么时候才能停休。
暖风吹得游人如痴如醉，
简直要把杭州当成了故都汴京。

读古诗词学历史

南 宋

《题临安邸》是林升题写在临安一家旅馆墙壁上的诗,叫题壁诗,也叫墙头诗。林老师用讽刺的语言,不露声色地揭露游人们,也就是当权者纵情声色的本质,用游人把"杭州"当作"汴州",表达了自己对国家命运的担忧。

> 林老师,这首诗网上流量很大,开个公众号肯定能火。

> 没心情。

> 父皇,听说有人根据咱们这段历史拍摄了电视剧,叫《射雕英雄传》……

> 闭嘴!

宋钦宗　　宋徽宗

> 老大,杀了岳飞,会被后世唾骂的。

> 我能活到后世吗?!

宋高宗

汴州,宋朝开国后的首都,也叫汴京,位于今河南省开封市,是当时世界上最繁华的国际大都市。宋朝的北方是契丹族建立的辽国,一直威胁着宋朝。女真族建立金国后,忽悠宋朝联手灭了辽。之后,金国翻脸,转过身来攻占了汴州,俘虏了宋徽宗、宋钦宗父子俩,史称"靖康之难",北宋灭亡。

宋徽宗的第九个儿子赵构逃了出去,在江南称帝,是为宋高宗,国号仍为宋,以杭州作为首都。因位于南方,故被称为南宋。南宋小朝廷不思收复中原,反而向金国求和,杀害抗金名将岳飞,苟且偷安。林升到杭州时,眼见歌舞嬉游的情景,悲愤难当,写下了《题临安邸》。

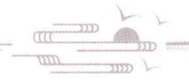

南宋也有几位皇帝想要北伐,但已经没有岳飞这样的抗金将领。蒙古崛起后,南宋和蒙古联手,灭掉金国。结果悲剧再次上演,蒙古掉头猛攻南宋,南宋灭亡。

示 儿

[宋]陆游

死去元知万事空，
但悲不见九州同。
王师北定中原日，
家祭无忘告乃翁。

小注

示儿：写给儿子们看。元知：原本知道。元通"原"。万事空：什么都没有，都是空的。但：只是。九州：指中国。同：统一。王师：指南宋朝廷的军队。北定：平定北方。中原：指被金人侵占的地区。家祭：祭祀家中先人。无忘：不要忘记。乃翁：你的父亲，指陆游自己。

诗说

我原本知道，人死后万事都空了，
只是我痛心于看不见国家统一。
等到宋军北伐平定中原之时，
你们在祭祀祖先时，不要忘了把这个消息告诉你们的父亲。

读古诗词学历史

中　原

《示儿》是陆游留给儿子的遗嘱。陆游一生主张北伐，收复中原，但饱受投降派打击、排挤，尝尽辛酸坎坷。临终前，他仍惦念中原，便写下此诗，感情强烈，令人泫然欲泣。也许你在眼圈发红的时候，会很好奇，让爱国诗人至死牵挂的"中原"到底是什么意思呢？

> 辛弃疾叔叔，你和我爸爸是忘年交，这是他的绝笔诗。

> 我明白他的心，我的心和他同步。

> 逐鹿中原这样的盛会你都不参加，你就称不上"雄"啊。

> 称"熊"？我的名字这么抢手……

> 我们大宋的开封，是《清明上河图》的模板，是5A级首都，是……

> 那你也得买票。

中原也叫华夏、中土、中州，本意是"天下至中的原野"，经演变后，指黄河中下游一带，有时专指河南。黄河中下游是中华文明的发祥地，被视为"天下中心"。夏商周都在中原建都。每一个想要称霸的集团，终极目标就是占据中原，"得中原者得天下""逐鹿中原"就是这么来的。

如果一个王朝坐拥中原，就意味着自己是正牌宗主；如果丢失了中原，就失去了正统地位，不再拥有尊严。所以，陆游、辛弃疾等爱国志士宁死也要北伐中原。如果把中华大地比成太阳系，中原就是耀眼的太阳。有300多位帝王曾建都或迁都中原，而中国历史上一共才有500多位帝王。

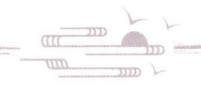

当与外族相对时，"中原"也泛指中国。

秋夜将晓出篱门迎凉有感

[宋]陆游

三万里河东入海，
五千仞岳上摩天。
遗民泪尽胡尘里，
南望王师又一年。

宋军何时才来……

小注

将晓：天将要亮。 篱门：竹子或树枝编的门。 迎凉：出门迎面吹来凉风。 三万里：形容黄河很长。 五千仞：形容华山很高。仞是古代长度单位。 摩天：迫近高天，形容极高。摩，接触。 遗民：指生活在金人占领区的汉族人。 泪尽：眼泪流干。 胡尘：指金人入侵中原。 南望：远眺南方。

诗说

三万里长的黄河向东流入大海，
五千仞高的华山直上云霄，迫近天边。
中原百姓在胡人的压迫下眼泪已经流干，
望着南方盼望宋军北伐盼了一年又一年。

读古诗词学历史

遗 民

写《秋夜将晓出篱门迎凉有感》时，金国已占领中原多年，黄河和华山都在金国统治区内。一个秋夜，陆游想着山河破碎，无法入眠，便写下了此诗，以"望"字为诗眼，表现了遗民年年盼望宋军北伐中原却年年失望的心情。那么，何为遗民呢？

你也是夜行动物吗？

我……只是偶尔夜里出来吹吹风。

野菜生长在周朝的土地上……

不吃。

叔齐　伯夷

昨晚皇帝下岗了，现在不是汉朝了，是魏。

睡了一觉我就成遗民了……

遗民是指前朝留下的百姓，也就是亡国之民。改朝换代后，不肯为新朝工作的人，也是遗民。伯夷、叔齐是商朝人，周朝灭掉商朝后，周朝聘请兄弟俩出任高官，兄弟俩果断拒绝，隐居于深山，靠挖野菜生存，后来觉得野菜也是周朝的，便宁死不吃，最终饿死了。

前朝统治者的后裔、后代也属于遗民。隐居山林的隐士，也属于遗民。劫后余生的人，也是遗民。沦陷区的百姓，也是遗民。陆游写"遗民泪尽胡尘里"，意思就是沦陷区的南宋遗民在胡人占领的地区过着悲惨的生活。南宋遗民非常有骨气，元朝建立后，许多人仍不承认自己是元朝人。

明清时有个遗民，叫朱耷，是明朝开国皇帝的后裔。清灭明时，他19岁，拒绝与清朝合作，削发为僧，一生忧郁悲愤，活在家仇国恨中，以书画来寄托感情。

书湖阴先生壁

［宋］王安石

茅檐长扫净无苔，
花木成畦(qí)手自栽。
一水护田将绿绕，
两山排闼(tà)送青来。

就题在这里吧。

小注

书：书写，题写。湖阴先生：隐士杨德逢，是王安石晚年居住南京紫金山时的邻居。茅檐：茅屋檐下，这里指庭院。成畦：成垄成行。畦，经过修整的田地。护田：护卫环绕着园田。排闼：开门。闼，小门。送青来：送来绿色。

诗说

茅屋庭院因为主人经常打扫干净无苔藓，
花草树木成行成垄，都是主人亲手栽植。
一条流水环护围绕着绿色的农田，
两座青山仿佛要推开门送来青绿之色。

读古诗词学历史

隐 士

《书湖阴先生壁》是王安石写在湖阴先生茅屋墙壁上的题壁诗。王安石被免去丞相一职后，回到南京，与隐居在紫金山的湖阴先生交往。此诗赞美了湖阴先生勤劳高洁的隐士之风，也表达了自己内心的恬淡。

一会儿发朋友圈，晒个图。

你的朋友圈里就我一个人，不用晒。

王安石　湖阴先生

快走快走，水被许由污染了！

许由　巢父

出山当官不好吗？山里太孤独了。

不孤独。梅是我的妻子，鹤是我的孩子。

林逋

隐士是个特殊群体。光隐居深山不叫隐士，必须有独立人格，有思想、才德、学识，真心不愿意出来当官，才叫隐士。据说，上古时，许由和巢父是隐士中的大佬。尧帝对许由说，要让位给他，许由觉得耳朵被污染了，赶紧去河边洗耳朵。巢父觉得许由的耳朵污染了河水，赶紧牵着牛去别处喝水了。

真正的隐士在深山里以砍柴、钓鱼为生，隐得很深，很少有故事流传，不为人知。有人则先官后隐，比如陶渊明。他先在官府上班，后来看不惯官场腐败，便归隐了。还有人不仕而隐，"以梅为妻，以鹤为子"，但保持交游，比如林逋。还有人忽官忽隐，比如元朝末年的王蒙，时而做官，时而隐居。

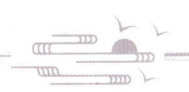

隐士的出现，多是因为社会黑暗、战乱、门阀士族斗争等。魏晋南北朝时期是一个隐士的高峰期，许多知识分子归隐山林，形成了隐逸文化。竹林七贤就是其中的代表。

古诗词不仅是文字的盛宴，也蕴含着与耕织、饮食等有关的历史知识。从遥远的农耕、驯养，到养蚕、缫丝，从青黄红绿紫的作物菜蔬，到酸甜苦辣咸的调味料，你都能在古诗词中找到些许相关的记录。就像解开了一个个神奇的密码，你在免费汲取了古诗词的营养后，又额外得到了一份历史知识。

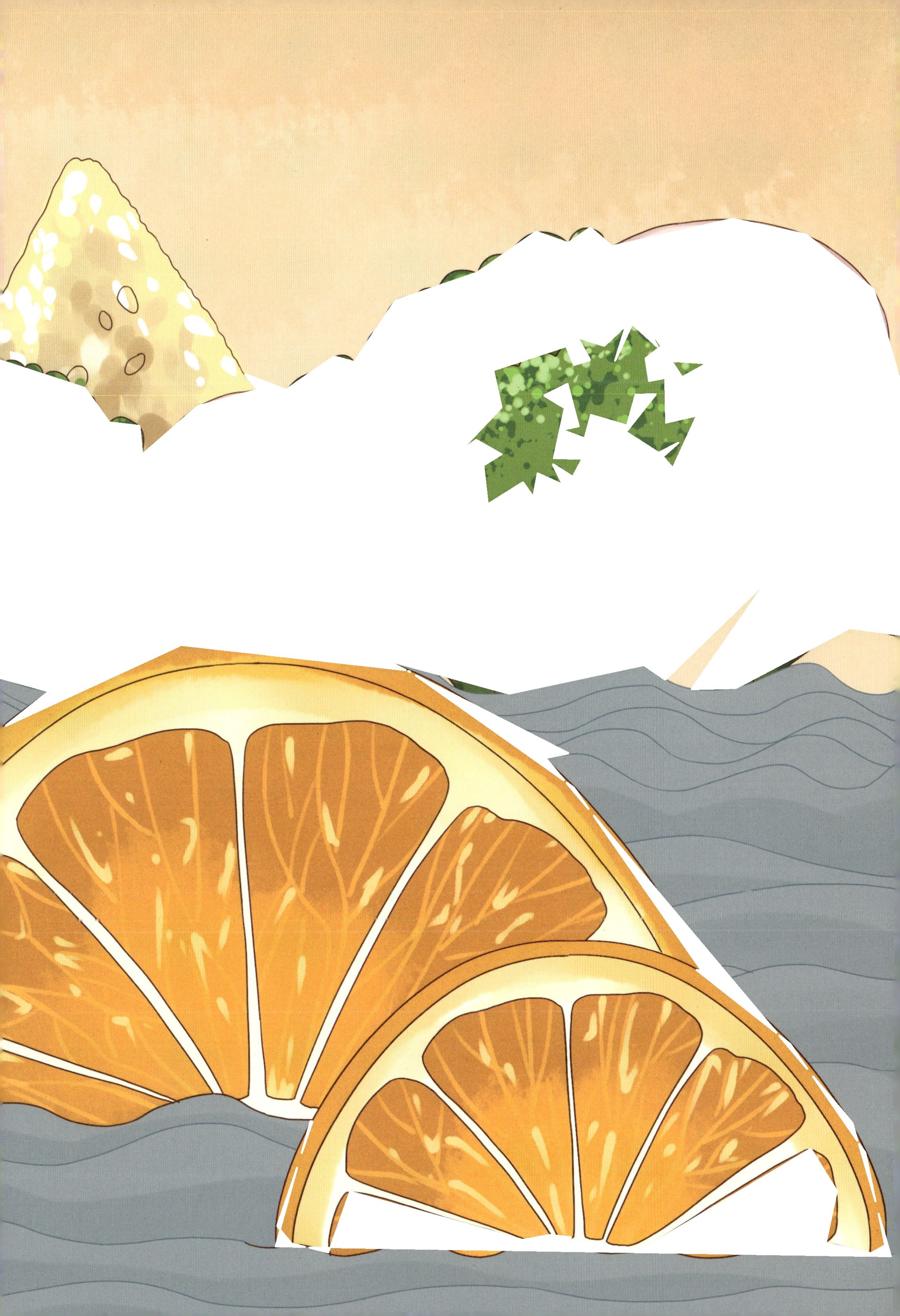

四时田园杂兴

[宋]范成大

昼出耘田夜绩麻,
村庄儿女各当家。
童孙未解供耕织,
也傍桑阴学种瓜。

小注

四时:四季。杂兴:随兴写下来。耘田:除地,除草。绩麻:把麻搓成线或绳。儿女:男男女女。当家:指能够独当一面。童孙:幼小的儿童。未解:不懂,不明白,不会。供:从事,参加。傍:靠近。

诗说

白天出门去田里锄草,夜晚在家搓麻线,村庄里的男男女女各自都有活儿干。小孩子还不明白耕田织布的事,也在那桑树荫下学着种瓜。

读古诗词学历史

农 耕

范成大是与陆游、杨万里齐名的诗人。范成大的诗，语言像大地一样朴实，格调像草木一样清新，细节像花开一样细腻，就如这首《四时田园杂兴》，只有简单的四句，就展现了农村初夏时的农耕生活场景。那么，关于农耕你了解多少呢？

你知道人类是从什么时候开始种地的吗？

这我怎么能知道呢？只有我爷爷的爷爷的爷爷的爷爷……才能知道。

当初你为什么选择在中国发展事业呢？

你的祖先们把我服侍得很周到，满足我对未来的一切需求……

听说你是中国最早记录农事的历书？

正是在下。

夏小正

在新石器时代，原始人的农事活动就萌芽了。祖先们发现一些植物落在地上的种子、果核被埋进土里后能发芽重生！于是，他们把一些能吃的植物的种子种在住所附近，就这样开始了农业生产。想一想，原始人聚在一起用陶器煮稻粒或蔬菜（可能是白菜或芥菜）吃，那情景是不是很温馨？

秦汉时期成书的《夏小正》，把星辰变化和农事活动联系起来，后来形成了二十四节气。古人按照节气耕地，收获更多更好。春秋战国时期，出现冶炼生铁技术，铁犁牛耕提高了生产力，许多人类文化也被催生了出来，慢慢形成了璀璨的中华文明，并构成了今天你所看到的世界。

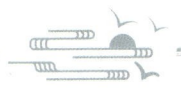

目前国际公认的古代文明发源地有五个：古巴比伦、古埃及、古希腊、古印度和古中国。

悯 农

[唐] 李绅

锄禾日当午,汗滴禾下土。
谁知盘中餐,粒粒皆辛苦。

几多汗水,几多辛苦。

小注

悯:怜悯,有同情的意思。禾:谷类植物。
午:正午,中午。皆:全,都。

诗说

农民在正午的炎炎烈日下锄地,
汗水滴落到禾苗生长的土地上。
谁知道盘碗中的米饭,
每一粒都是辛苦劳动所得来的。

读古诗词学历史

农 具

你在课堂上一定背过《悯农》了，它之所以被选入教科书，一是因为文学价值高，李绅用浅显易懂的文字再现了唐朝农民辛苦锄地的情景；二是历史价值高，反映了古代农民的生存状态。诗中的"锄"，还是农具史上重要的一员。

除完草还要浇灌，幸亏有筒车帮忙。

筒车

桔槔

什么杆俺不懂，反正好用。

这是杠杆原理。

这大梳子，能梳下来多少虫子啊！

现在就去给水稻"梳头发"吧。

虫梳

据说，七八千年前，原始人就有了耕地的农具，名叫耒耜（lěi sì），后来进化成了犁。商周时，古人制作了桔槔（jié gāo）、锹铲，用来灌溉。早先，工具都是用石头、骨、木、青铜等制作而成的，春秋战国时，铁器被广泛应用，于是有了铁犁头、铁锄等，耕地变得容易多了。

秦汉时，古人用耧车（lóu）、瓠种器（hù）播种。隋唐时，翻车、筒车是灌溉的大主角。明清时，南方人还用虫梳给水稻除虫。掐刀、镰刀、短镢等可以收割，梿枷（lián jiā）、稻桶、碌碡（liù zhóu）等可以脱粒，箕、木扬锨、风扇车等可以筛选谷粒。有了各种各样的农具，生产效率就大大提高了。

古人有很多农业发明，如草木灰，可以承担肥料的重任；如秧马，可以让人坐着拔稻秧；如杵臼（chǔ jiù）、磨盘、踏碓（duì）、碾等，可以加工粮食。

乡村四月

[宋] 翁卷

绿遍山原白满川，
子规声里雨如烟。
乡村四月闲人少，
才了蚕桑又插田。

最美人间四月天。

小注

山原：山陵和田野。白满川：指稻田里的水色映着天光。川：平地。子规：指杜鹃鸟。了：结束。蚕桑：种桑养蚕。插田：插秧。

诗说

绿色草木遍布山坡原野，稻田里映满白色的天光，杜鹃鸟发出鸣声，细雨有如烟雾。
乡村的四月闲人很少，才结束采桑喂蚕的事，又要到田里插秧。

读古诗词学历史

蚕桑与蚕织

翁卷是一位有才之士，但考了很多次进士都没能考中。他一生布衣，但却是一位不折不扣的"诗霸"，你只要一读《乡村四月》就明白了。他用白描的手法，写出了江南农村的旖旎风光，用"才了蚕桑又插田"的大白话，表现了农家的繁忙，诗意清新、淡远。

谁知道蚕桑是怎么回事儿？

老师，你自己不知道就不要写到诗里了嘛！

翁卷

桑叶采来了，开始养蚕育种啦。

一下子收了这么多蚕茧！

个头儿都很大！

采桑　收茧　称重

蚕茧煮好了，用手摇缫（sāo）丝车抽丝吧。

纺出丝绸啦。

缫丝　纺织

在古代，"蚕桑"之事是头等大事。据说，黄帝的元妃嫘（léi）祖偶然发现一种虫子吐出来的丝可以制衣，由此发明了养蚕缫丝的方法。这种虫子就是蚕，主食是桑叶。养蚕时，先采桑叶，蚕宝宝孵化后，就开吃啦；吃成五龄蚕时，开始吐丝，并用丝把自己捆绑成一个茧。

有了蚕茧，就可以缫丝了。缫丝就是把蚕茧抽出蚕丝的过程。古人把蚕茧浸在热水中，等胶质溶化，然后用手或缫车抽丝。缫丝后，就能织成丝绸了。天然的蚕丝为白色、黄色，有珍珠般的光泽，你现在看到的五彩丝绸，是经过了染色之后的丝布。

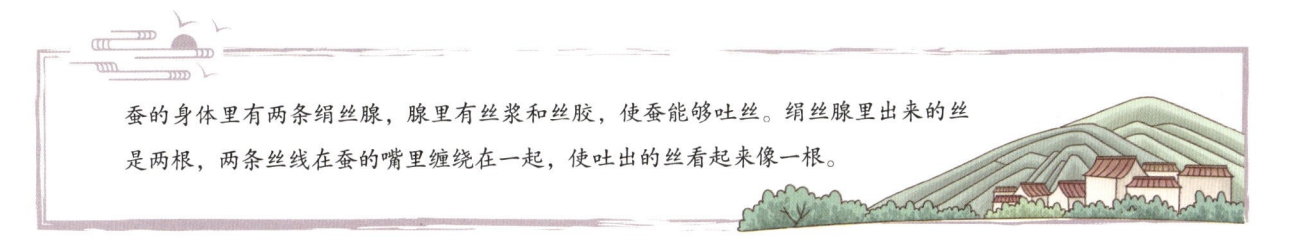

蚕的身体里有两条绢丝腺，腺里有丝浆和丝胶，使蚕能够吐丝。绢丝腺里出来的丝是两根，两条丝线在蚕的嘴里缠绕在一起，使吐出的丝看起来像一根。

七步诗

[三国] 曹植

煮豆持作羹,漉(lù)豉(chǐ)以为汁。
萁(qí)在釜(fǔ)下燃,豆在釜中泣。
本是同根生,相煎何太急。

豆在釜中泣……

小注

持:用来。羹:糊状的食物。漉:过滤。豉:煮熟后发酵过的豆。萁:豆秆,豆茎,晒干后用作柴火烧。釜:古代的一种锅。煎:煎熬,比喻迫害。

诗说

煮豆用来做羹,
过滤豆渣得到汁。
豆秆在锅下燃烧,
豆子在锅中哭泣。
豆子和豆秆本是从同一条根上长出来的,
为什么要煎熬迫害得如此急切厉害呢。

读古诗词学历史

调味料

曹植是魏文帝曹丕的弟弟，传说曹丕怕曹植威胁自己的皇位，命他在七步内作诗一首，不然就杀死他。也有人说，《七步诗》是他人所作。此诗用同根而生的豆子和豆秆比喻兄弟二人，用豆秆燃烧煎烤豆子比喻哥哥杀害弟弟，表达了兄弟相残的痛苦、激愤，令人印象深刻。

《七步诗》中还隐藏着一味调味料，它就是豉。大约在先秦时，古人用黑豆或黄豆制作豆豉，豆豉也叫幽菽。比豆豉更早的调味料是盐、梅和酒。上古时，原始人从山中、水中发现了盐。之后，古人"煮海为盐"，以海水煮卤，煎成盐。当时，盐是重要资源，有"得盐者得天下"的说法。

关于酒的酿造者是谁，说法不一，总之，原始人已经喝上酒了。酒也是一种调料，商朝人烹饪时会加上酒。现在的料酒，也是一种酒。至于梅子，因为味道酸酸的，古人把它发展成了调料。周朝时期，谷物酿的醋出现了，南北朝时期，醋成为衡量筵席档次的一个标准。

西周时，古人用肉制成醢（hǎi），是一种酱类。后来，买不起肉的百姓用豆代替肉，做出豆酱，叫豆酱清，是现代酱油的前身。"酱油"一词在宋朝开始出现。

凉州词

[唐] 王翰

葡萄美酒夜光杯,
欲饮琵琶马上催。
醉卧沙场君莫笑,
古来征战几人回。

小注

夜光杯:指华贵精美的酒杯。欲:将要。催:催人出征,也有催饮的意思。沙场:指战场。君:你。

诗说

葡萄美酒盛满了夜光杯,
乐人弹奏急促的琵琶助兴、催饮。
即使醉倒在战场,也请你不要见笑,
古往今来,出征的人能有几个回来。

朋友,干了这杯酒。

读古诗词学历史

葡 萄

《凉州词》只有四句，王翰却渲染出了一个盛大场面——出征前的大宴以及战士们豪饮的场面，表现了将士们视死如归、旷达奔放的思想感情。诗中的"葡萄""琵琶"表明这是一首边塞诗，因为它们来自西域。你可能要问，葡萄这么常见，怎么可能来自西域呢？

葡萄的历史比你想象得要复杂，《诗经·七月》中写"六月食郁及薁（yù）"，诗中的"薁"是指野葡萄，六月就可以摘下来吃了。王翰诗中的"葡萄"是指欧洲葡萄。春秋战国时，欧洲葡萄传到了西域地区。汉武帝时，张骞出使西域，经过大宛，第一次吃到了欧洲葡萄。

丝绸之路开通后，葡萄传入中国。据说，汉朝人还酿造了葡萄酒。唐朝时，唐军攻破了西域的高昌国，得到马乳葡萄和酿酒技术。葡萄酒很可口，李白就很爱喝。在边塞，它也是稀罕物，因此，将士们喝的"葡萄美酒"被装在珍贵的"夜光杯"中，作为一种犒赏。

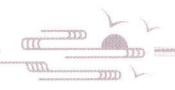

汉朝时，葡萄酒是奢侈品。据说，一个叫孟佗的人把一斛（约20升）葡萄酒送给掌权太监，得到了凉州刺史的官职。

寻隐者不遇

[唐]贾岛

松下问童子,
言师采药去。
只在此山中,
云深不知处。

小注

寻：寻访。不遇：没有遇到，没有见到。童子：没有成年的人，小孩，此处指隐者的弟子、学生。言：回答，说。云深：指山上云雾缭绕，十分幽深。处：行踪，所在。

诗说

松树下，我询问小学童，
他回答说，师父采药去了。
就在这座山中，
但云雾深深，不知究竟在哪里。

究竟在哪里呢？

反正在山里。

读古诗词学历史

中草药

不知你发现没有,《寻隐者不遇》这首诗就像一个曲折有趣的小故事:贾岛去访问隐士,隐士不在家,他很失望,问小童去哪了;小童说采药去了,就在山中,他高兴起来;不料小童又说,山高云深,究竟在哪就不知道了,他又失望了。小诗用问答体,把他一波三折的心情描绘得淋漓尽致。

（漫画对话）
- 你现在红遍全网了,能谈谈当时的情形吗?
- 当时我一心想帮助贾叔叔,结果就被写进诗里了。
- 这是断肠草,不要吃。
- 记住了。
- 叶像茄子叶,花像牵牛花,早上开,夜里合,看来,你就是曼陀罗!
- 嗯哼,你可以用我做麻醉剂。
- 李时珍
- 曼陀罗

采药,始于原始时代。原始人采集野果野菜时,会误食一些植物,出现过敏、昏迷、中毒甚至死亡的现象。慢慢地,他们对植物有了更多的了解,还发现有些植物能治病,中药就这样诞生了。《寻隐者不遇》中的"采药",就是采集草药。古代很多隐士都会采药,以帮助百姓治病。

最初,古人直接啃食植物,当学会用火和器皿后,才开始煎煮药草。周朝时,古人发现酒、醋、蜜能更好地萃取药用成分,便出现了炮炙（páo zhì）、汤剂、酒剂……汉朝时,出现了中药学著作《本草经》。明朝李时珍根据多年科考经验写出了《本草纲目》。今天,中药已与科学结合。

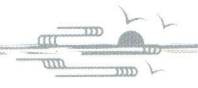

采药历史久远,传说,神农为了给大家寻找可以吃和治病的植物,品尝了百种草药,中毒70多次,最终吃到断肠草,不幸死去。这就是"神农尝百草"的故事。

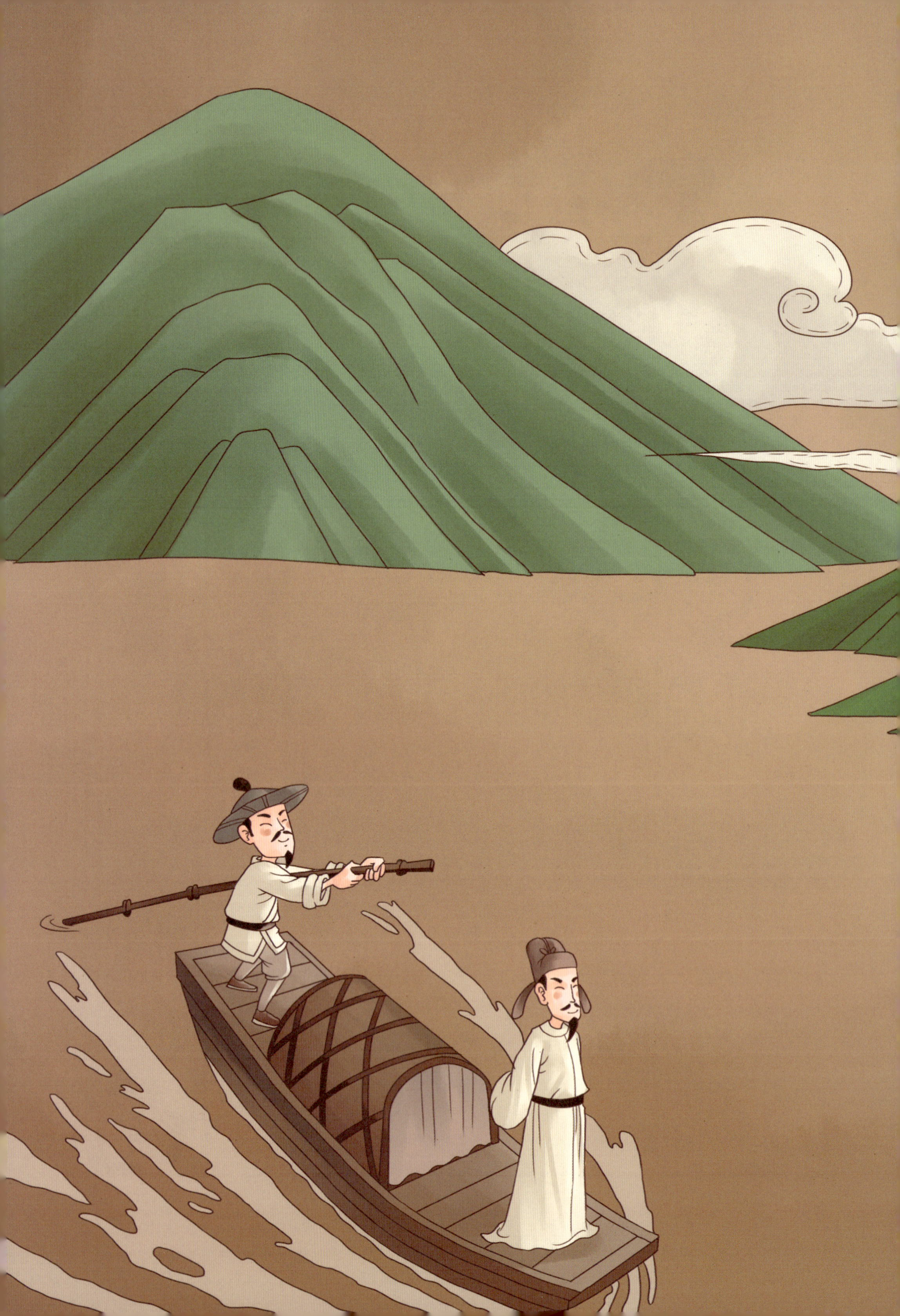

伟大的古诗词,也是一部活色生香的民俗史。你的衣食住行,你的日常起居,都蕴含其中。如果你想了解卧具、坐具、出行工具,或者,你想了解古代歌舞、古代神话故事,甚至,你想了解——如果你穿越到古代,你将梳什么样的发型,这一切,古诗词都会给你参考答案。

静夜思

[唐] 李白

床前明月光,疑是地上霜。
举头望明月,低头思故乡。

> 乡愁是一轮圆圆的明月……

小注

静夜思:安静的夜晚产生的思绪。
疑:好像。举头:抬头。

诗说

床前洒着明亮的月光,
好像是铺在地上的白霜。
抬头凝望空中的明月,
低头思念遥远的故乡。

读古诗词学历史

卧 具

一个秋夜，二十六岁的李白在扬州旅舍孤独地仰望明月。在白霜一样清冷的月光中，他尤其想家，于是写下《静夜思》。诗中只有简单的比喻和衬托，却意味深长，引人遐思。就连诗中的"床"字，也引起了无尽的争论。

（名家访谈）
- 网友说这个"床"字不是睡觉的床，各位学者怎么看？
- 是指井台，要么就是井栏。
- 是"窗"的通假字。
- 是坐卧用的，可能是卧具。

老板，下班了，我先回家了。
好，明天别迟到。
有围栏和足的木床

尝尝咖啡，现磨的。
我喝咖啡睡不着觉，还是酸梅汤吧。
罗汉床

"床"字有什么可争论的呢？这是因为床的演变很复杂。最初，原始人的床是铺着植物或兽皮的土床。懂得草编后，席子成了床。商周时期，正式的床诞生了。不过，在东汉之前，椅子、板凳还没被发明出来，床既要当卧具，又要当坐具。不管是吃饭还是写字，古人一般都在床上进行。

隋唐时期，桌椅出现了，床终于告别了坐具的"兼职"，专心地当起卧具了。有的床雕花，还很矮，有栏杆，看起来很像井栏、井台。明清时期，床的样式多了起来：架子床像个箱子，拔步床是它的升级款，像个房子，都是睡觉专用床；罗汉床像个沙发，榻是一种床垫，为休闲专用床。

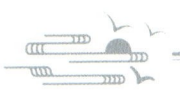

汉朝时，床是一个待客的中心，慢慢地还成为衡量待客级别的一个标准。如果主人一直在床上，说明接待等级是很高的。

黄鹤楼送孟浩然之广陵

[唐] 李白

故人西辞黄鹤楼,
烟花三月下扬州。
孤帆远影碧空尽,
唯见长江天际流。

小注
黄鹤楼：位于今湖北武汉。之：往，到达。
广陵：扬州。故人：老朋友，此处指孟浩然。
辞：辞别。烟花：形容薄雾迷蒙、花朵掩映的春景。下：顺流而下。碧空尽：消失在碧蓝的天际。天际流：流向天边。

诗说
老朋友在黄鹤楼与我辞别，
在烟花似锦的三月去往扬州。
船帆远去，消失在碧蓝的天际，
只看见长江水向天边流去。

读古诗词学历史

船

孟浩然比李白大12岁，李白还是一个文艺青年时，孟浩然已经名满天下了。李白非常崇拜孟哥哥，当他得知孟哥哥要去广陵（今扬州）时，便在江边送他，《黄鹤楼送孟浩然之广陵》描述的就是这个场景。李白寓情于景，用孤帆远去描绘了一幅绚丽浪漫的送别画。

诗中有一句"孤帆远影碧空尽"，其中的"孤帆"透露出古代出行工具已经很先进：帆船可以在长江中长途航行。关于船的历史，可以追溯到七八千年前。据说原始人见木头可以漂浮在水面，便试着骑在木头上过河。渐渐地，有聪明人把圆木头掏空，坐在里面，就可以更好地渡河了。

圆木头容易翻滚，原始人用石斧把木头削平。火被利用后，他们便把树干上不需要挖掉的地方涂上湿泥，再用火烧掉要挖去的部分，制成了独木舟。这是"刳(kū)木为舟"。他们还把几根树木捆扎在一起，发明了木筏。汉朝时，木板船已经出现。帆被发明后，木板船就进化成了帆船。

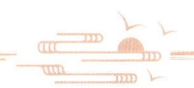

宋朝出现了十桅十帆的帆船，能够充分利用风力；船身为水密隔舱，还使用了指南针。明朝郑和下西洋，用的都是帆船，堪称当时世界的"航空母舰"。

古朗月行（节选）

[唐]李白

小时不识月，呼作白玉盘。
又疑瑶台镜，飞在青云端。
仙人垂两足，桂树何团团。
白兔捣药成，问言与谁餐？

小注

呼作：称作，叫作。疑：怀疑。瑶台：传说中神仙居住的地方。团团：圆圆的样子。言：语助词，无实意。与谁：给谁。

诗说

小时候不认识月亮，把它称作白玉盘。
又怀疑它是瑶台的仙镜，飞翔在青云之上。
月亮上的仙人垂着双脚，桂花树特别圆。
白兔把仙药捣好了，想问问是给谁吃的呢？

镜子又在飞行了！

读古诗词学历史

神 话

《古朗月行》堪称世界上最浪漫的诗歌之一，诗仙李白用放飞自我的想象，用飞翔的镜子、月中垂脚的仙人、捣药的白兔……构成了一幅幅瑰丽神异的画面。当然啦，这离不开中国神话的脚本哦。

> 你也可以一起来哦。
> 姐姐用月亮荡秋千吗？

> 一露面就当老大，同学们，不好意思哈。
> 我也不好意思。
> 元始天尊

> 仓颉老弟，一起去追日呗。
> 我造字呢，夸父哥哥，下次吧。
> 夸父　仓颉

神话是上古时期的产物，原始人对大自然不了解，以为风雨雷电等都有神在背后主宰，便幻想出各种神和英雄，还把部落的狩猎、战争、农耕等融了进去。有了文字之后，神话发展得更快，神仙们有了姓名和专职工作。道教和佛教发展起来后，神话大家庭中加入了元始天尊、太上老君等大人物。

神话是社会生活的反映：盘古开天地、女娲造人等神话是古人对天地形成、人类起源的认识；夸父逐日、嫦娥奔月等神话是对日月星辰的探索；大禹治水、仓颉造字等神话是对现实中洪水暴发、文字发明等重大事件的记录；牛郎织女、白蛇传等传说体现了对美好生活的渴望……

神话在《山海经》中多有记载，如夸父逐日、精卫填海、鲧禹治水等。

赠汪伦

[唐]李白

李白乘舟将欲行,
忽闻岸上踏歌声。
桃花潭水深千尺,
不及汪伦送我情。

小注

汪伦:李白的朋友。踏歌:唐朝流行的一种歌舞,两足踏地为节拍,可以边走边唱。桃花潭:位于今安徽省泾县。深千尺:夸张手法,用潭水之深比喻友情。不及:不如。

诗说

我(李白)乘上小船,正要远行,忽然听到岸上传来踏歌的声音。纵使桃花潭的水有千尺深,也不如汪伦来送我的友情。

读古诗词学历史

踏 歌

据说汪伦和李白是这样相遇的：汪伦很想见偶像李白，便写信给李白，说他住的地方有桃花、酒店，把李白骗了过来。二人相处数日后，临别，汪伦真诚地踏歌送行，李白则写下了《赠汪伦》，以桃花潭为衬托，表达了友情的深挚。诗中的踏歌也掀起了无数看客的好奇心。

你不是说这里有"十里桃花、万家酒店"吗？

"桃花"是桃花潭的名字，"万家"是姓万的人家开的酒店。

李白　　汪伦

宋朝画家马远绘有《踏歌图》，表现了中国南方的农民为了庆祝丰收，高兴地一边走路一边歌舞的情形。

月下踏歌可好？

好哦。

给府里送一桶纯净水。

我休假了，去踏歌！

踏歌究竟是什么歌呢？其实，踏歌是一种歌舞，源于民间，汉代就已出现。后来，古人在耕作时，为了缓解疲劳，就手拉手边歌边舞。丰收时，古人也在"陇上踏歌行"。踏歌因为土气，长期不被上流社会接受，直到唐朝，才被接受和认可，有了"踏歌"这个名字。

有一年正月十五，朝廷选拔了一千多位舞蹈家，在长安城的花灯下踏歌了三天三夜，隆重程度超过现在的春节联欢晚会。踏歌不同于流程严格的宫廷舞蹈，它不限人数、服装、地点、场地等。踏歌者是根据自己的内心情感而歌舞的，因此，当汪伦踏歌送别李白时，李白非常感动。

小儿垂钓

[唐]胡令能

蓬头稚子学垂纶（lún），
侧坐莓（méi）苔草映身。
路人借问遥招手，
怕得鱼惊不应（yìng）人。

小注

蓬头：头发蓬乱，形容小孩可爱。稚子：年幼懵懂的孩子。垂纶：钓鱼。纶，钓鱼用的丝线。莓：一种野草。映：遮映。借问：向人打听问路。应：回应，答应，理睬。

诗说

一个蓬乱头发的小孩学着钓鱼，
侧身坐在青苔上，绿草遮映着他。
路过的行人向他问路，他远远地招手，
害怕惊动了鱼，不敢回应路人。

我不能出声……

读古诗词学历史

古代儿童发型

有一年，诗人胡令能去一个乡村寻访老友，途中他向一个钓鱼的小孩问路，小孩的模样打动了他，便写下了《小儿垂钓》。胡令能通过细节描写，让读者仿佛亲眼看到那个孩子认真和天真的样子，情不自禁地泛起童心和童趣。

"蓬头稚子"一定也吸引了你吧？你能猜出他有多大吗？在古代，3～7岁的女孩、3～8岁的男孩要让头发自然垂下，叫垂髫（tiáo）。因此，胡令能诗中的"蓬头稚子"，年龄不会超过8岁。9岁以后，儿童的发型就变了，头部两边要各扎一个发髻，就像两个小羊角，叫总角。这种发型要梳到14岁。

15岁时，发型再次改变。男孩要拆掉总角，开始束发，就是把头发梳到头顶挽成发髻，称为束发。女孩要把头发盘起来，用簪子固定，叫及笄。笄礼之后，女孩就能出嫁了。清朝时又发生了变化，朝廷颁发"剃发令"，全国男人都是前面半秃，后面大长辫的发型了，小男孩也梳这种发型。

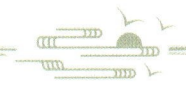

成语"总角之交"来源于古代儿童的发型，指的是童年时结交的朋友。

你可能喜欢节日更甚于古诗词。

节日是历史的载体、文化的结晶，

它升腾着信仰，照应着节气，

浓缩着审美与情趣，

诠释着对幸福的向往。

可你知道吗，

古诗词中也充满了节日，

无处不飞花的寒食节，细雨纷纷的清明节，

月是故乡明的中秋节，遍插茱萸的重阳节，

爆竹声声的春节……

你是不是更喜欢古诗词了呢？

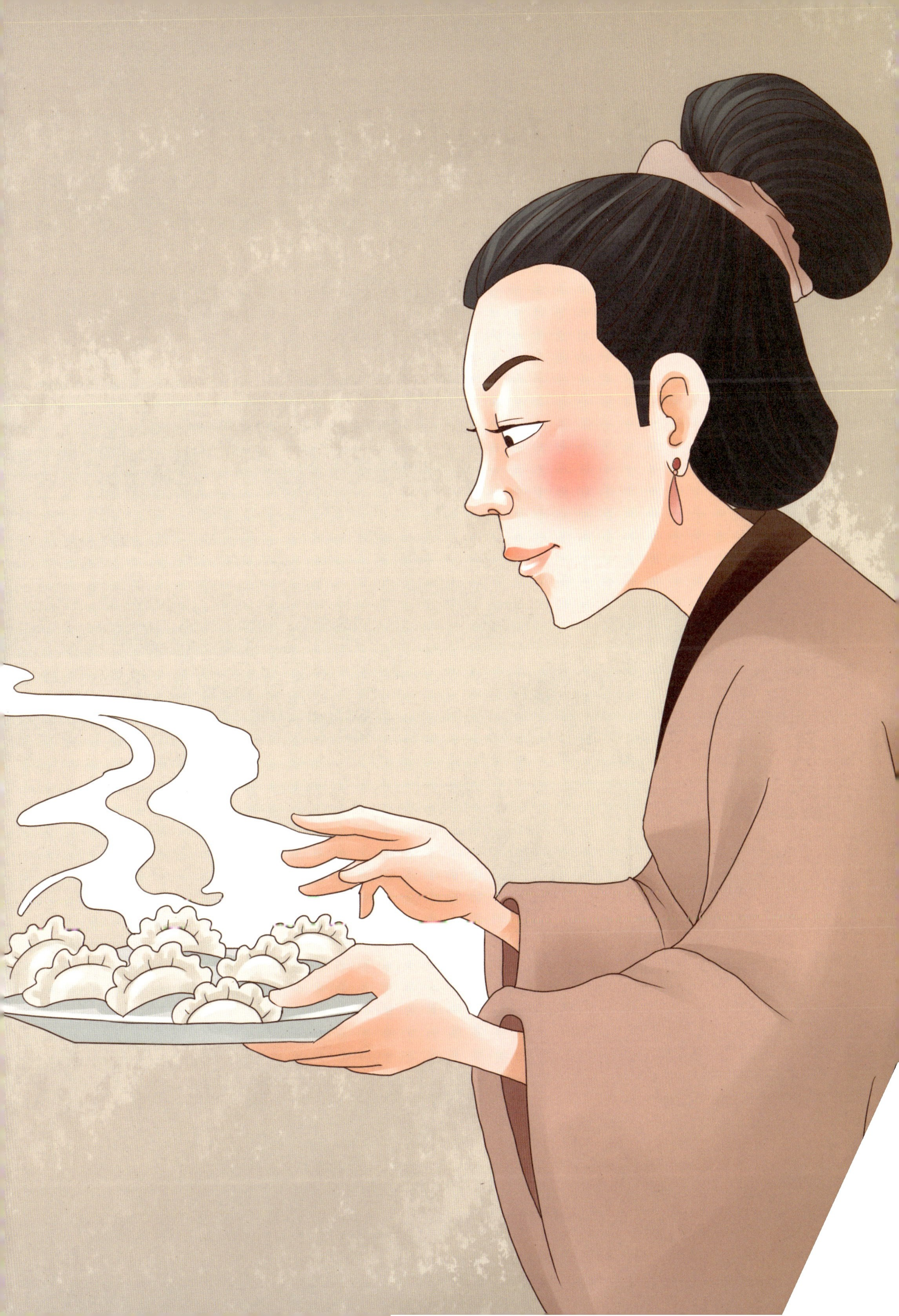

九月九日忆山东兄弟

[唐] 王维

独在异乡为异客,
每逢佳节倍思亲。
遥知兄弟登高处,
遍插茱萸少一人。

家乡的哥哥和弟弟已经在采茱萸了吧……

小注

九月九日:指重阳节。异客:他乡的客人。
佳节:美好的节日。登高:古人有在重阳节登高的风俗。茱萸:一种香草,古人认为重阳节插戴茱萸可以避灾驱邪。

诗说

孤身一人在外地作他乡的客人,
每逢过节的时候格外思念远方的亲人。
遥想兄弟们在重阳节这天登上高山,
插戴茱萸时只少我一个人。

读古诗词学历史

重阳节

"每逢佳节倍思亲",就算你不喜欢诗词,这一句你大概也能脱口而出。这千古名句是王维19岁那年写的,可见天才的爆发力多么"可怕"。此诗有鲜明的王维气质,朴素自然,含蓄深沉,诗意又很跳脱、曲折,尤其是落笔在九月九日重阳节,更突出了思亲的情绪。

王维为什么看重重阳节呢?这和数字有一定的关系。古人把"九"定为阳数,"九月九日"有两个九,就是"重阳",古人认为这个日子很吉祥。重阳节也与祭祀有关。古人在秋收后,会祭天祭祖,并搭配饮宴庆祝活动。汉代时,古人在庆祝时还赏菊花,喝菊花酒。

真正让重阳节发扬光大的,是唐朝。唐朝经济繁盛,追求娱乐,把九月九日正式确定为官方节日。此后,重阳节的习俗也越来越多,如登高远眺、插戴茱萸、采摘草药、摆敬老宴、吃重阳糕、晒秋等。明朝皇帝曾在重阳节专门登上万岁山,宫里还吃桂花糕。

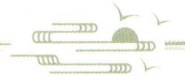

"九"在数字中被认为是最大数,含有长久长寿之意,2012年,农历九月九日被确定为"老年节"。

寒食

[唐] 韩翃(hóng)

春城无处不飞花，
寒食东风御柳斜。
日暮汉宫传蜡烛，
轻烟散入五侯家。

小注

春城：暮春时节的长安城。飞花：指柳絮。寒食：寒食节。御柳：皇城中的柳树。汉宫：指唐朝皇宫。五侯：指天子恩宠的近臣。

诗说

暮春的长安城没有一处不飘飞着柳絮，寒食节的春风吹斜了皇城中的柳树。日暮时分，宫里忙着传送蜡烛，点蜡烛的轻烟飘散进王侯贵戚的家中。

又到寒食节了。

读古诗词学历史

寒食节

《寒食》简直就是韩翃创作的"两幅画",第一幅是白昼飞絮图,第二幅是夜晚传烛图,用白描手法歌颂了盛世景象。由于诗意很吉祥,历代皇帝都很偏爱它。加上它写的是寒食节,很应景,也赢得了重视节俗的百姓的心。

寒食节起源于远古时的"改火"习俗。当时,生火是个大工程,需要终年保留火种,但春天干燥,容易起火,古人认为万物有轮回,火种也有,因此,应该在这个时节把上一年的火种熄灭(禁火),再重新钻燧,点燃新火(改火)。这就是寒食节的前身。

寒食节还与介子推有关。据说,春秋时,介子推隐居绵山,晋文公为了让他出山为官,放火烧山,他宁死未出。晋文公为了纪念他,下令这一天禁止生火,只吃冷食。唐朝时,寒食节被确立为法定节日,全国还要放假,并演化出很多娱乐活动,如插柳、踏青、斗鸡、斗草等。

寒食节是在冬至后的第105天,因此,也叫"一百五"。宋朝诗人梅尧臣写道:"一百五日风雨急,斜飘细湿春郊衣。"

清 明

[唐] 杜牧

清明时节雨纷纷，
路上行人欲断魂。
借问酒家何处有，
牧童遥指杏花村。

在那杏花深处……

小注

纷纷：形容多。欲断魂：形容人情绪低落，神魂散乱。借问：请问。

诗说

清明节这天细雨纷纷，
路上的行人好像要断了魂一样低落凄迷。
询问牧童卖酒的人家在哪里，
牧童远远地指向了杏花村。

读古诗词学历史

清明节

一提起杜牧写的《清明》，你一定能倒背如流吧？这首诗讲述了一个动人的故事：男主角在清明节这天遇雨，心情凄迷纷乱，偶遇牧童后，寻访杏花村……诗情浓郁，余韵袅袅，展现了清明节所特有的心境，几乎成了清明节的"代言诗"。

清明节又叫祭祖节、踏青节，源于原始人的春祭和对祖先的祭拜。由于仪式在野外进行，正值春天，可以踏青游玩。清明节前后还有一个上巳（sì）节和一个寒食节，由于三个节日挨得很近，到宋朝时，就被合在一起凑整过了。

宋元以前，清明祭扫的风俗还不普遍，宋元以后，得到了普及，清明节晋升成了最高规格的祭祖大节。到了明清时，清明节还有植树、蹴鞠（cù jū）、荡秋千、拔河等习俗。吃饭时，有冷食，也有热食，如青团、鸡蛋、冷高粱米饭等。

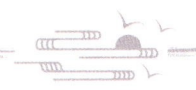

清明节是二十四节气中唯一既是节气又是节日的。清明的花信风是桐花、麦花、柳花。

元 日

[宋] 王安石

爆竹声中一岁除,春风送暖入屠苏。
千门万户曈(tóng)曈日,总把新桃换旧符。

小注

元日:农历正月初一,即春节。一岁除:一年已尽。除,逝去。屠苏:用屠苏草浸泡的酒。古代有春节喝屠苏酒驱邪避瘟疫的风俗。千门万户:形容门户众多,人口稠密。曈曈:日出时光亮温暖的样子。桃:桃符。古代有春节用桃木板写神灵名字、挂在门旁压邪的风俗。

诗说

爆竹声里一年又过去了,
春风送来的暖意渗入了屠苏酒中。
千家万户都照耀在初升的阳光中,
忙着把门上的旧桃符换成新桃符。

读古诗词学历史

春 节

你一定知道王安石变法吧,《元日》就是王安石当丞相变法时写的。他用白描手法,通过点爆竹、喝屠苏酒、换桃符等习俗,把春节写得喜气洋洋,也表现了变法初期万象更新、奋发向上的气象。

（丞相,买肉去啦?）
（嗯呢,包饺子。）
王安石

（年跑啦,能看春晚了!）
（我去彩排!）
（年会开始了,你怎么还不去?）
（抢票呢,春运开始了。）

春节历史悠久,上古时,原始人会在新年开始的那天祭祀,春耕前也要祭祀,时间久了,便融入更多的内容,最终演化成过年的习俗。据说有一只叫"年"的怪兽,常在腊月三十出来作恶,但它怕响声、红色和光,古人便挂灯笼、贴春联、放爆竹,吓跑了它。过年的风俗就这样形成了。

魏晋时,古人在除夕晚上会一夜不睡,欢聚畅饮,叫守岁。宋朝人喜欢放鞭炮庆祝春节,所以王安石写"爆竹声中一岁除"。明清时,古人还爱猜灯谜,给孩子压岁钱,以压住邪祟,保佑孩子平安度过一岁。今天,人们贴春联福字、吃年夜饭、逛庙会、拜年等,仍有远古时祈福的影子。

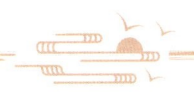

民国前后,每年农历的一月一日（正月初一）被称为春节,公历的1月1日被称为元旦。"元"指开始,"旦"指日,元旦是指"初始之日"。

内 容 提 要

"落花时节又逢君"隐藏着怎样悲凉的故事？"床前明月光"的"床"字到底有几个意思？李清照为什么会"至今思项羽，不肯过江东"呢……本书以中小学背诵的古诗词为底本，精选了25首古诗词，并结合诗词中所涉及的历史知识点，进行生动有趣的解析，既能帮助小读者学习古诗词，又能使小读者获得难得的学科知识。

图书在版编目（CIP）数据

读古诗词学历史 / 李妍编著. -- 北京：中国水利水电出版社，2021.10
ISBN 978-7-5226-0050-5

Ⅰ. ①读… Ⅱ. ①李… Ⅲ. ①古典诗歌－中国－中小学－教学参考资料 Ⅳ. ①G634.303

中国版本图书馆CIP数据核字(2021)第205767号

书　　名	读古诗词学历史 DU GU SHICI XUE LISHI
作　　者	李　妍　编著
出版发行	中国水利水电出版社 （北京市海淀区玉渊潭南路1号D座　100038） 网址：www.waterpub.com.cn E-mail：sales@waterpub.com.cn 电话：（010）68367658（营销中心）
经　　售	北京科水图书销售中心（零售） 电话：（010）88383994、63202643、68545874 全国各地新华书店和相关出版物销售网点
排　　版	北京水利万物传媒有限公司
印　　刷	天津图文方嘉印刷有限公司
规　　格	210mm×285mm　16开本　4印张　58千字
版　　次	2021年10月第1版　2021年10月第1次印刷
定　　价	45.00元

凡购买我社图书，如有缺页、倒页、脱页的，本社发行部负责调换
版权所有·侵权必究